RACHAT

DES

CHEMINS DE FER

PAR L'ÉTAT

(Proposition Laurier)

PAR

H. GENEVOIS

Prix : 10 centimes.

PARIS

LIBRAIRIE DÉMOCRATIQUE

33, RUE MONTMARTRE, 33

—

1872

RACHAT

CHEMINS DE FER PAR L'ÉTAT

———

Pour combler l'énorme vide fait dans nos coffres par une longue guerre étrangère, une paix onéreuse, une nouvelle guerre civile et par la succession de l'empire, il faut trouver des mesures économiques qui puissent remplir le trésor à sec, sans porter atteinte aux sources de notre richesse nationale. Il faut se garder de tuer la poule aux œufs d'or et toutes les décisions fiscales seront désastreuses pour la France, si elles sont contraires à ses vrais intérêts industriels et commerciaux. Ne soyons pas ce malade qui avale un poison qui le soulagera momentanément pour le tuer par la suite !

Le but à atteindre : c'est d'introduire dans notre système économique, industriel et commercial des réformes qui promettent une amélioration pour l'avenir tout en produisant de suite des revenus.

La proposition Laurier qui réclame le rachat des chemins de fer par l'État nous semble dans cette catégorie. Le rachat est possible *légalement* et *pratiquement*.

Sans vouloir entrer dans l'examen des conventions nombreuses, variées et souvent modifiées qui règlent les rapports entre les compagnies et l'État, nous dirons seulement que le rachat ne constituerait nullement une violation des contrats. C'est une prévision constatée dans une partie des 1,200 pièces législatives et réglementaires.

Pratiquement, le rachat est possible, qu'on en juge d'après les chiffres. Voici la répartitions du capital total que eprésentent nos chemins de fer.

	Actions	Obligations
Orléans. .	300,000,000	1,068,000,000
Lyon . . .	345,421,858	2,410,578,142
Nord . . .	231,875,000	568,125,500
Est	292,000,000	928,000,000
Ouest . . .	150,000,000	1,118,000,000
Midi. . . .	142,406,944	638,593,056
	1,461,703,802	6,731,296,698
Total. .	8,193,000,500	

Il faut ajouter 1,600,000,000 donnés par l'Etat gratuitement, à titre de subvention et à fonds perdus, sans compter d'autres promesses d'annuités. — Cette dernière partie du capital ne rapporte absolument rien à l'Etat qui, par conséquent ne perdrait aucun revenu par le rachat. Les 6 milliards 700 millions d'obligations garanties toucheraient, *après le rachat comme devant*, leur intérêt fixe et leur amortissement sur le trafic des chemins de fer.

Voilà donc déjà 8 milliards 300,000,000 dont la situation ne serait nullement dérangée. Quant aux actions elles sont sous le coup de la loi d'expropriation qui les force à se vendre. On les évaluerait d'après les derniers cours et on les convertirait en rentes sur l'Etat. Ces rentes seraient — et au-delà — servies par le bénéfice du transport par chemins de fer. On pourrait même amortir peu à peu.

Ainsi rachetées les voies ferrées serviraient d'hypothèque à un emprunt de 3 milliards. Appuyé sur des garanties aussi stables, un tel emprunt ne pourrait que réussir et nous verrions se réaliser l'*évacuation du territoire*, but immédiat de tous les vrais Français!

Il n'est pas nécessaire d'insister davantage sur l'utilité fiscale de ce rachat; mais nous l'avons dit — il faut avant tout, des institutions favorables au commerce. Il s'agit donc de montrer que l'Etat propriétaire des chemins de fer, est la solution vraie du grand problème des transports.

*
* *

Personne ne défend plus les compagnies : ruineuses pour l'Etat, arrogantes et fières de leur monopole, complétement irresponsables, ennemies naturelles de toute amélioration, de tous progrès ; elles constituent un régime bâtard condamné par tous les jugements sains. Nous développerons dans le courant de ce travail ces vices des compagnies et, quand nous aurons démontré qu'ils sont inhérents à des compagnies libres et concurrentes, il s'en suivra — *a fortiori* — qu'elles sont inséparables des compagnies privilégiées.

*
* *

Il existe une école qui réclame au contraire une réforme diamétralement opposée, et voudrait la liberté la plus absolue pour l'établissement des lignes ferrées.

Cette école se fonde sur la liberté commerciale aussi désirable, dit-elle, que le liberté politique. Elle s'élève contre le monopole de compagnies privilégiées et prétend que la concurrence illimitée, doit être infailliblement le stimulant du progrès et le modérateur des prix.

Cette théorie est d'autant plus séduisante, qu'elle est vraie dans quatre-vingt-dix-neuf cas ; malheureusement, c'est le centième qui nous occupe.

L'Etat, même en admettant cette théorie, ne saurait se dispenser de racheter les chemins de fer. Il est dans l'alternative de continuer aux compagnies leur *monopole*, ou de racheter pour revendre ensuite, en introduisant comme clause du contrat de vente, la liberté de concurrence. Mais, comme nous avons horreur des expédients fiscaux même transitoires, nous voulons démontrer que le rachat des chemins de fer par l'Etat, n'est pas seulement conforme aux exigences momentanées du trésor, mais encore aux principes stables et généraux de notre système économique et commercial.

*_**

1. — Vouloir appliquer aux chemins de fer, les rè-
gles de l'industrie ordinaire, n'est-ce pas se fourvoyer
étrangement. Sont-ils assimilables aux autres bran-
ches du commerce? Doivent-ils être régis par les
mêmes règlements, soumis aux mêmes lois que l'industrie des cotons ou le commerce de la quincaillerie?
Ne serait-il pas au contraire, beaucoup plus logique
d'assimiler ces artères essentielles de la grande com-
munication aux routes et aux canaux.

*_**

Les chemins de fer ne constituent nullement une
industrie dans le sens technique du mot ; ce sont les
serviteurs, les véhicules, les auxiliaires de toutes les
autres industries : *ils sont d'intérêt public.*

Tolérera-t-on qu'un simple particulier ou qu'une
compagnie s'avise d'ouvrir des routes, de creuser des canaux où bon lui semblera? Non. — Pourquoi leur per-
mettre alors le tracé d'un chemin de fer, dont l'impor-

tance est plus considérable encore? En bonne logique, les chemins de fer doivent être — comme les routes et les canaux — soumis à l'administration des ponts et chaussées.

En outre, la défense militaire du pays est étroitement liée à la coordination des voies ferrées. Un tronçon de chemin de fer placé mal à propos, peut éviter à une armée ennemie un retard de plusieurs semaines. Il est donc parfaitement évident que le réseau des chemins de fer doit être, autant que faire se peut, conçu d'après un plan stratégique d'ensemble et rigoureusement contrôlé par l'administration de la guerre.

A ce point de vue encore, la liberté des chemins de fer est impossible.

**

II. — Crier au monopole n'est pas moins absurde. Si l'Etat a le monopole de la gendarmerie, de la police, des routes nationales, va-t-on l'attaquer pour autant ?

Le monopole est surtout déplorable quand il est exercé non plus par l'État lui-même, mais par des privilégiés. Le vrai monopole, celui qui n'a plus sa raison d'être, c'est le monopole actuel des compagnies.

***

Il est impossible en effet de sortir du dilemme suivant :

Ou les chemins de fer sont du ressort de l'industrie privée : — dans ce cas que chacun puisse créer des lignes ferrées à sa fantaisie sans d'autres limites que celles de sa bourse. Or nous sommes en train de démontrer la fausseté de cette hypothèse.

Ou bien l'administration des chemins de fer, comme celle des ponts et chaussée est un service public : — dans ce cas l'Etat doit s'en charger lui-même sans se reposer de ce soin sur autrui.

Qu'on attaque les monopoles purement fiscaux, rien de plus juste ! Et pourtant, ceux même qui, en principe, sont les partisans les plus décidés de l'abolition des monopoles comme celui du tabac, etc., suspendent jusqu'à nouvel ordre leurs réclamations et tolèrent momentanément ce monopole à raison des besoins du fisc. — Vous donc qui n'osez pas combattre le monopole du tabac, combattrez-vous le monopole très-logique et bien plus fructueux — de l'exploitation des chemins de fer par l'État. — L'État ne s'attribuerait aucun privilége, il ne ferait que rentrer en possession d'une prérogative légitime.

C'est, du reste, par haine du monopole, dont nous avons horreur, que nous réclamons le rachat des chemins de fer par l'État. Une administration publique n'est pas un monopole ; ses exigences, ses vexations, ses injustices sont passibles du pays, peuvent être censurées, réprimées par le parlement. Le pire des monopoles est celui des grandes compagnies qui échappent à toute sanction, du moins pour les faits d'administration.

Enfin, si l'on admet que le chemin de fer est une industrie privée, que l'État n'a pas le droit de monopoliser à son profit, comment pourra-t-on conserver le droit d'expropriation qui ne peut s'accorder qu'à l'État *pour cause d'intérêt public.*

✱✱

Les Américains sont logiques en n'admettant pas l'expropriation ! Mais aussi quelles difficultés inextricables pour les tracés ?

III.—Nous avons réservé pour la fin l'argument le plus sérieux.

« La concurrence, dit-on, aura pour effet d'abaisser les prix en stimulant l'extension des voies ferrées ! »

Pour démontrer l'inanité de cet argument, il suffit de répondre aux questions suivantes :

1° Peut-il y avoir concurrence dans le cas particulier ?

2° A supposer qu'elle soit possible, aura-t-elle pour effet d'abaisser les prix ? produira-t-elle un réel avantage ?

3° L'essor que prendraient les lignes de chemins de de fer serait-il normal et avantageux ?

4° Quels sont les effets de la concurrence à l'étranger ?

*
* *

Nous répoudrons :

1° La condition *sinè quâ non* de toute concurrence, c'est le grand nombre des concurrents. Stephenson a formulé cette idée dans un axiome lumineux de bon sens et d'évidence : *Là où la coalition est possible, la concurrence est impossible*. Mais, la coalition des compagnies de chemins de fer est TOUJOURS possible ; elle est fatale, inévitable. Les petits commerçants dont les intérêts sont bien moins importants, dont le nombre est beaucoup plus considérable, finissent toujours par s'entendre pour imposer un tarif uniforme. Puisque bouchers, boulangers et même grands industriels se coalisent, à plus forte raison, les compagnies de chemins de fer parviendraient-elles infailliblement à une entente ! — En matière de chemins de fer, chaque compagnie sait d'avance qu'elle ne peut supprimer sa rivale, et l'entente apparaît comme solution forcée.

Pour être vraiment favorable aux intérêts publics, la concurrence exige une seconde condition. Il faut que les concurrents remplissent exactement les mêmes programmes, qu'ils partent du même point, pour aboutir au même point, — en passant à peu près par les mêmes points (1). Or, combien de fois ces conditions seront-elles remplies ? Très-rarement, pour ne pas dire jamais.

(1) Ainsi la ligne Paris-Bordeaux, Bordeaux-Toulouse, Tououse-Marseille, ne fait nullement concurrence à la ligne directe Paris-Méditerranée.

*
* *

L'espoir que la liberté des chemins de fer amènera
une concurrence modératrice des prix est purement
illusoire. Si les chemins de fer sont exploités par des
compagnies libres de fixer leurs tarifs, les transports
augmenteront de prix en même temps que l'industrie
prendra de l'extension. Au contraire, l'État étant ad-
ministrateur, l'accroissement de la circulation n'ac-
croîtra pas les tarifs et profitera au trésor public.

*
* *

Conclusion : avec l'État, diminution fatale des prix;
— avec la liberté commerciale, augmentation inévitable.

2° Mais, supposons que, malgré tout — par impossible — la vraie concurrence puisse s'établir et qu'une
diminution survienne — par impossible encore; — cette
diminution ne pourra être que très-faible, car, pour l'obtenir, il a fallu deux compagnies rivales, deux lignes
parallèles, deux matériels, double personnel, des trains
faisant double emploi; en résumé, deux capitaux

neutralisés. Or, un kilomètre de chemin de fer coûte, en moyenne, 500,000 fr. C'est donc la neutralisation parfaitement infructueuse d'un capital considérable immobilisé et retranché de la circulation commerciale — cela, pour obtenir une diminution insignifiante et *momentanée*, car la plus puissante des deux compagnies finira par faire tomber et absorber la plus faible. Après quoi elle s'empressera de relever les tarifs pour réparer le rabais forcé d'un instant.—Toute concurrence finira, ou par l'entente : dans ce cas, prodigalité inutile de capital; ou bien par la faillite d'une des deux compagnies, c'est-à-dire par un désastre public. Il n'y a pas moyen d'éluder ce dilemme.

3° Enfin, l'accroissement des lignes serait-il aussi considérable qu'on veut bien le dire?

***

L'Etat n'a pas, comme les compagnies, à peser *d'abord et avant tout* son intérêt pécuniaire. Avant d'entreprendre une ligne, l'Etat demandera : *Est-elle utile aux populations voisines?*

Une compagnie, au contraire, se demandera :
M'est-elle utile ?

*
* *

Tous les pays retirés, sans commerce ni industrie,
n'offrant pas des chances de gains suffisantes pour
tenter l'avidité des spéculateurs, seraient à jamais dés-
hérités de chemins de fer. Les capitalistes attendraient
que l'industrie et le commerce de ce pays se dévelop-
passent ; — d'autre part, l'industrie et le commerce
attendraient, pour se développer, la création de communications faciles.

*
* *

Ex. : Une ligne directe doit prochainement relier
Dijon à Langres, diminuer la distance qui sépare ces
deux villes et accroître la richesse des populations in-
terposées. Or, la compagnie en remet l'exécution de
délais en délais, car elle se fera concurrence à elle-
même, à la ligne Dijon-Auxonne-Gray-Langres. Peu
leur importe d'ailleurs que les voyageurs aient trajet

et dépense doubles. Elle les force à passer sous les fourches caudines de son monopole.

Et qu'on ne vienne pas dire que la liberté plénière aurait hâté la construction de cette ligne. Point : la compagnie se serait rendue adjudicataire de cette entreprise et aurait feint de la commencer ; comme personne n'aurait voulu engager une lutte inégale, les délais n'eussent pas été moins longs.

L'Etat, au contraire — dont le but doit être l'intérêt public — stimulé d'ailleurs par les représentants de ces pays, aurait poussé plus activement les travaux.

***

On prétend que les lignes existantes sont insuffisantes pour le trafic, et que des lignes parallèles sont nécessaires pour éviter l'*encombrement* et accélérer le *transport*.

1° L'encombrement peut venir de deux causes : insuffisance des trains ou du personnel d'embarquement. Doublez donc le nombre des wagons, doublez le personnel et vous arriverez au même résultat que si vous doubliez la ligne ; de plus, le moyen sera beaucoup moins onéreux.

2° C'est un argument de plus en faveur du rachat par l'Etat. Les compagnies de monopole et *a fortiori* une compagnie libre et irresponsable, préféreront laisser les marchandises en gare, retarder leur départ, leur donner le temps de s'avarier, plutôt que d'augmenter leur personnel ou leur matériel roulant.

3° L'Etat, au contraire, pourrait peut-être retarder ou différer cette augmentation; mais ce ne serait que par nonchalance — non par *intérêt systématique.*

4° Les auteurs de ces belles théories ne se sont pas donné la peine de se demander ce que leur application a produit chez nos voisins. L'expérience — ce raisonnement irréfutable des faits — condamne d'une façon péremptoire la libre concurrence en matière de chemins de fer.

^{*}

Voici les résultats; ils ferment la bouche à tous ceux qui combattent le rachat des chemins de fer par l'Etat.

L'Angleterre, la Hollande, l'Amérique ont abandonné la construction et l'exploitation des chemins de fer à l'initiative privée — mais en se réservant l'octroi des concessions.

La Belgique, au contraire, a enfermé ses lignes ferrées dans le domaine de l'Etat.

**

ANGLETERRE. — Dans l'enquête faite en 1866, presque tous les déposants interrogés sur la concurrence en ont constaté la vanité et le néant.

« *Les compagnies se partagent le monopole,* » a dit un témoin.

**

Voici des chiffres : ce qui, en 1862 coûtait 6,25 de transport, en coûtait 7,50 en 1866 et 8,25 en 1867. Nous prenons au hasard dans les nombreuses dépositions.

M. Thomas Wilson, secrétaire de l'Association des canaux de la Grande-Bretagne.

« *D.* Dans votre opinion, la concurrence entrechemins de fer aboutit toujours à une entente.

« *R.* Oui. »

M. Gibbs, secrétaire de la Chambre de commerce.

« ... On aurait de la peine à indiquer, un cas où deux ou trois compagnies aboutissant à une même ville, ne sont pas arrivées tôt ou tard à s'entendre sur les taxes qu'elles avaient à appliquer. »

M. Cawhel, directeur du London North-Westhern-Railway.

« Si la concurrence n'existait pas, les compagnies auraient pu être amenées à de plus bas prix qu'ils ne le sont aujourd'hui. Mais, avec le régime actuel, c'est bien le moins qu'elles puissent régler leurs tarifs, de manière à tirer le meilleur parti possible de la situation où elles sont placées. »

M. Allpart, directeur du Midland-Railway.

« ... Il est arrivé souvent que la concurrence a amené l'application de tarifs plus élevés.

M. Hewart, secrétaire de la compagnie du London and Nord-Westhern-Railway.

« ... Il y a un mal qui progresse toujours, c'est la dépense exagérée à laquelle donne lieu l'exploitation, par suite du défaut de coopération entre les compagnies qui exécutent des trains inutiles, faisant dans bien des cas double emploi, sans avantage aucun pour le public.

« *D.* Il résulte de là que la possibilité de réduire les tarifs est diminuée?

« Evidemment. Je ne prétends pas du tout que si la contrée exige une autre ligne, elle ne doit pas être concédée, parce qu'elle amènera une concurrence indirecte. Je dis le contraire. Mais faire une ligne, dans un but unique de concurrence, est une erreur, ainsi que l'expérience l'a prouvé. »

Ces dépositions, dont les auteurs sont les hommes les plus compétents du Royaume-Uni, ont fait la plus grande impression en Angleterre. Le Parlement, depuis trois ou quatre ans, a dû examiner 258 bills de fusion dont 188 ont été adoptés, 390 arrangements d'exploitation ont été approuvés. Sur 281 compagnies, 29 exploitent à elles seules 21,821 kilomètres. De sorte que les 252 autres compagnies n'ont à exploiter qu'environ 3,000 kilomètres.

« Mais c'est encore là une entrave considérable, une source d'embarras, de lenteurs, de dépenses pour le commerce. Aussi, depuis quelques mois, tous les journaux anglais, le *Times* en tête, ont entamé une véritable croisade contre les chemins de fer qu'ils voudraient faire racheter par l'Etat. Le gouvernement a nommé une commission. Malheureusement pour les

Anglais, cette opération de rachat, que les contrats ont rendue si facile chez nous, court risque de rester impraticable chez eux, en même temps que l'extension des fusions fait craindre encore des coalitions. Sans lien de droit avec l'Etat, n'ayant reçu de lui ni garanties, ni subsides, ne lui devant rien, les compagnies veulent traiter de puissance à puissance, et il est difficile de dire comment on pourra arriver à une solution satisfaisante. » (Félix Nouette-Delorme.)

⁎
⁎ ⁎

HOLLANDE. — L'exploitation privée a livré le public à l'arbitraire absolu des compagnies qui exercent un monopole sans pitié. Pendant que les dernières gelées interrompaient les communications par voie d'eau, la *Societé d'exploitation* augmentait ses prix de transport de 40 p. 100, et le *Rhenan-Neerlandais* de 50 p. 100.

⁎
⁎ ⁎

AMÉRIQUE. — L'article suivant du *North-Amé-*

rican-review est assez significatif pour que tout commentaire soit inutile :

« Jusqu'à présent la concurrence a été la peste (*bane*) des chemins de fer. Elle a toujours agi comme un agent violent de perturbation! (*violent disturbing element*). Si, à un moment, elle force les prix à descendre à un taux déraisonnablement bas (*unnaturally*), c'est pour les faire monter ensuite à un taux excessivement élevé. Dans ces dernières années, le prix des transports entre New-York et Chicago a oscillé, sous l'influence de la concurrence, entre 5 et 37,60 dollars par tonne et de la même localité à Saint-Louis, entre 7 à 46 dollars, et le *Erie-Railway* se faisait payer tantôt 2 dollars, tantôt 37 par tonne. »

* *
*

BELGIQUE. — Un ministre belge, M. Jamar, a apprécié en ces termes les résultats d'un essai de concurrence : « L'expérience prouve qu'au lieu d'une réduction, la concurrence a pour résultat final le renchérissement des prix de transport; ce qui se passe en Angleterre ne peut laisser aucun doute à cet égard. »

Il est étrange qu'au moment où l'Angleterre fait tous ses efforts pour atténuer la liberté des chemins de fer; où l'Amérique ressent les ruineux effets de cette concurrence illimitée, nous songions précisément à l'introduire chez nous.

Il est curieux que la France, — terre classique de la routine et de la centralisation — veuille innover et décentraliser au moment même, où l'expérience universelle démontre que l'administration des chemins de fer est un des rares cas où la décentralisation soit désastreuse!

*
* *

En résumé :

Le rachat des chemins de fer par l'Etat est une opération très-facile, commandée non-seulement par les besoins du trésor, mais encore et surtout par les vrais principes économiques et l'expérience péremptoire des nations étrangères.

FIN

PARIS. — IMP. VICTOR GOUPY, RUE GARANCIÈRE, 5,

www.ingramcontent.com/pod-product-compliance
Lightning Source LLC
Chambersburg PA
CBHW070158200326
41520CB00018B/5459